Mantegna

N. D'Anvers

Writat

Cette édition parue en 2023

ISBN : 9789359252896

Publié par
Writat
email : info@writat.com

PLAQUE I.—LA MADONNA DELLA VITTORIA. Frontispice

(Au Louvre)

Cette belle composition, considérée comme l'un des plus grands chefs-d'œuvre de Mantegna, a été peinte en 1495-96 en commémoration de la victoire remportée à Fornovo le 6 juillet 1494 par le marquis de Mantoue en tant que généralissime des forces italiennes unies. Il se trouve aujourd'hui au Louvre à Paris, après avoir été enlevé par les Français en 1797.

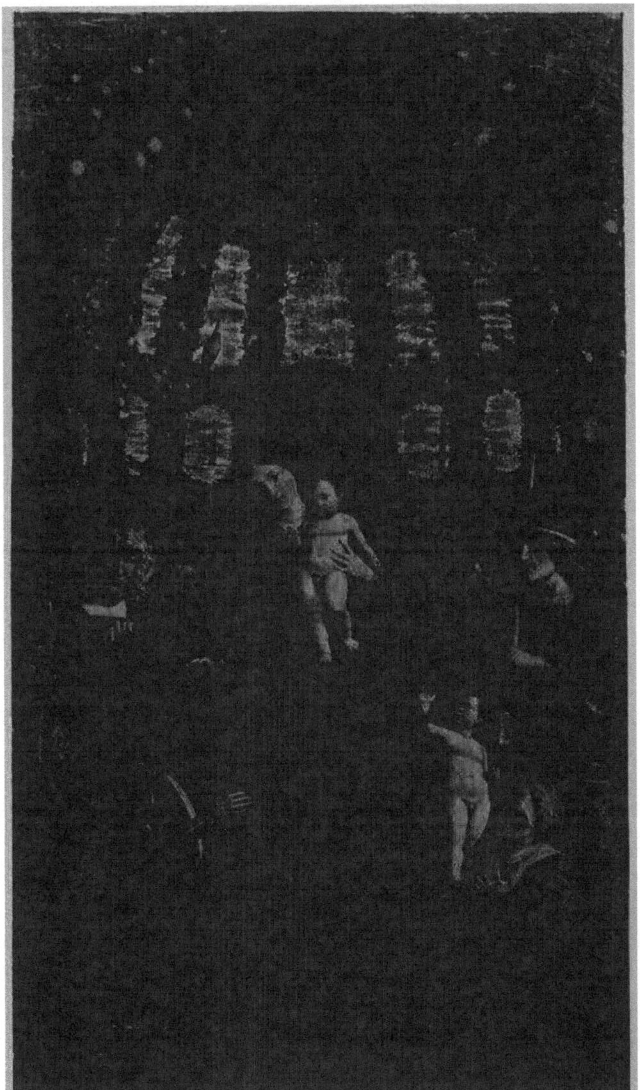

MANTÉGNE

PAR Mme. ARTHUR BELL

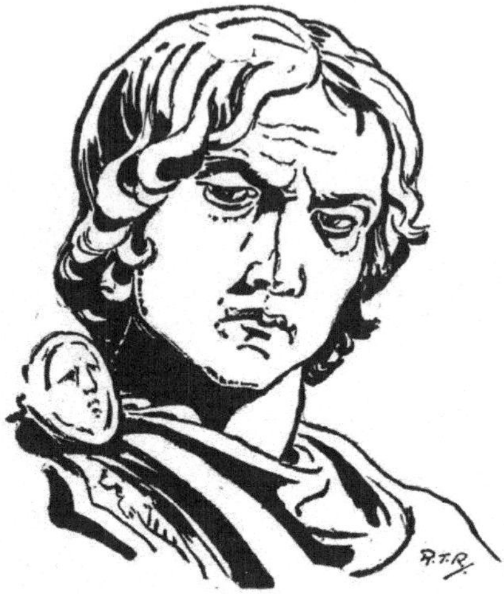

Né à une époque d'activité intellectuelle et esthétique exceptionnelle , où l'humanisme italien approchait de son plein développement, et où l'art de la peinture, après une longue lutte contre les difficultés mécaniques, avait enfin acquis une maîtrise presque complète de ses supports, avec une réelle compréhension de la science de la perspective, longtemps négligée, Andrea Mantegna peut à juste titre être considéré comme un véritable représentant du début de la Renaissance en Italie, un combattant acharné dans la lutte ardue pour la liberté de pensée et d'expression dans laquelle tant de ses confrères talentueux des compatriotes étaient engagés. Véritable âme sœur de son plus grand contemporain, Donatello, avec qui il entretenait des relations plus étroites qu'avec n'importe quel peintre, la principale caractéristique de son œuvre étant le traitement plastique plutôt que pictural de la forme, il fut, comme lui, imprégné dès le premier avec un amour respectueux de la vérité et un désir consciencieux de l'interpréter fidèlement. On a en effet parfois reproché à Mantegna d'avoir trop imité le célèbre sculpteur, mais cela est manifestement injuste, car, même s'il ne fait aucun doute qu'il devait beaucoup à Donatello, qui fut le premier à le conduire dans la bonne voie , en lui montrant comment il faut étudier la Nature, le secret de la forte ressemblance entre les styles des deux maîtres est que tous deux puisèrent à la même source d'inspiration : les meilleurs exemples existants de sculpture antique, qui leur paraissaient la plus noble expression existante. de l'idéal dans le réel.

Selon certaines autorités, Vicence serait le lieu de naissance de Mantegna, tandis que d'autres revendiquent cet honneur pour Padoue ; mais tous s'accordent pour affirmer qu'il est né en 1431. On ne sait presque rien de ses parents, mais on suppose généralement qu'ils sont morts à Padoue alors qu'Andrea était encore un enfant, et il est certain que l'orphelin a été immédiatement adopté. par l'artiste Francesco Squarcione , qui l'a reçu dans sa propre maison et a commencé sa formation artistique. Les véritables relations entre lui et son père nourricier sont cependant très obscures, les critiques à leur sujet étant très divergentes ; mais il est bien évident que les goûts et les ambitions des deux artistes ne furent jamais d'accord réel, quoique la gratitude pour la bonté reçue lorsqu'il restait seul au monde empêchât longtemps Mantegna d'une rupture ouverte avec le protecteur de son enfance. Il est probable que Squarcione , dont l'œuvre, à en juger par les quelques spécimens conservés, était d'un caractère très médiocre, n'était que le chef nominal d'une bottega, ou atelier, dans laquelle des peintres bien plus éminents que lui, y compris Jacopo, Bellini, étaient des maîtres en visite. Quoi qu'il en soit, il est certain que plusieurs centaines d'élèves se sont trouvés à différentes époques sous son toit, et, qu'ils aient ou non beaucoup appris de lui, ils ont eu l'avantage de voir les dessins d'après l'antique qu'il avait rapportés. avec lui des voyages qu'il aimait faire en Grèce et dans les villes italiennes, qui possédaient des collections de sculpture classique.

PLAQUE II.— L'ADORATION DES ROIS

(Galerie des Offices, Florence)

La composition centrale d'un triptyque, aujourd'hui conservée à la Galerie des Offices à Florence, appartenant à la deuxième période de développement artistique de Mantegna. On suppose qu'il a été peint pour la chapelle du château de Mantoue vers 1464.

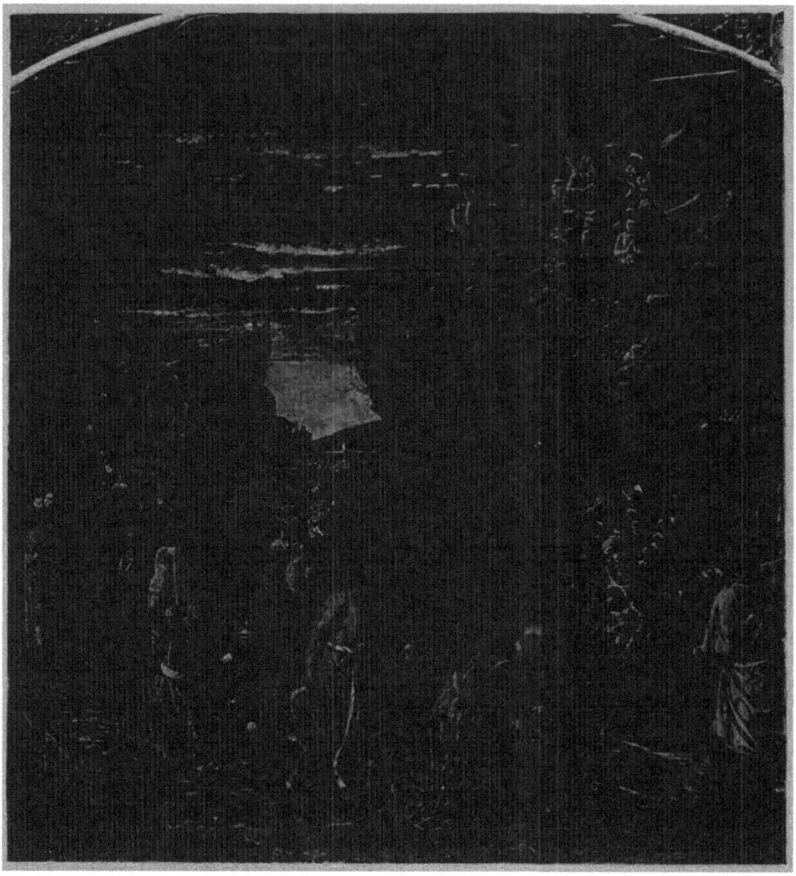

Le fait qu'Andrea ait montré très tôt un talent remarquable est prouvé par le fait qu'il a été nommé, alors qu'il n'avait que dix ans, membre de la Guilde des artistes padouans, à laquelle appartenaient tous les principaux peintres, sculpteurs et artisans de la ville, et par l'association avec ils ont dû faire beaucoup pour aider son développement artistique. Il fut en effet dès le début entouré d'influences inspirantes, car Padoue, avec sa noble université fondée en 1222, était depuis longtemps un chef de file dans la recherche sur les antiquaires et commençait déjà à rivaliser même avec Florence et Venise en tant que centre d'études littéraires . et activité artistique. Le pittoresque palais médiéval , avec son magnifique toit du XVe siècle, la belle basilique de S. Antonio et la Cappella di S. Giorgio, toutes deux ornées des fresques d' Altichiero et d'Alvanzo , et surtout la Cappella di Sta. Maria dell'Arena, enrichie des merveilleuses créations de Giotto, a dû être pour le jeune peintre enthousiaste une source de plaisir continuel ainsi qu'un aiguillon d'émulation ; bien que Donatello, destiné à lui donner l'impulsion finale dans la bonne direction, ne soit pas encore venu à Padoue pour remettre en main les glorieux bas-reliefs du maître-autel de S. Antonio, et la plus remarquable encore la statue équestre en bronze de Gattamelata , qui devait inaugurer un nouveau départ dans la sculpture réaliste moderne.

De la première rencontre entre le sculpteur vétéran, qui, à son arrivée à Padoue en 1443, avait cinquante-huit ans, et le jeune peintre, il n'y a aucune trace ; mais il ne fait aucun doute que ce dernier a eu le privilège d'assister à la croissance des sculptures de S. Antonio et d'écouter les discussions à leur sujet et sur leur auteur qui avaient lieu entre les maîtres et les étudiants de la boutique de Squarcione . Dès sa première apparition sur la scène, Donatello a dominé le monde de l'art de la ville universitaire, sa personnalité ainsi que son œuvre suscitant partout le plus grand enthousiasme. Les attentions dont il était l'objet étaient si accablantes qu'il résista à toutes les invitations à rester après avoir achevé le travail qu'il avait réellement promis de faire et, avant même que sa sculpture monumentale ne soit érigée, il fuyait l'atmosphère d'adulation qui régnait dans où il vécut dans sa Florence natale, où, pour reprendre ses propres mots, il « fut continuellement censuré ». Il était cependant encore à Padoue quand, en 1446, Mantegna acheva sa première commande indépendante, une « Madone en gloire » pour Sainte Sophie, aujourd'hui perdue, mais qui aurait été une merveilleuse production pour un garçon encore dans sa jeunesse. adolescents, trahissant clairement l'influence à la fois de Donatello et de Jacopo Bellini, mais avec une individualité marquée qui lui est propre.

La « Madonna in Glory » aurait été remplacée par d'autres compositions du même genre ; mais la plus ancienne œuvre signée de la main d'Andrea est une fresque, datée de 1452, au-dessus de la porte centrale de S. Antonio, représentant les saints Antoine et Bernardin tenant une couronne portant le monogramme du Christ. Dans celui-ci, ainsi que dans le polyptique de « St. Luc », aujourd'hui à la galerie Brera de Milan, — qui trahit une légère affinité avec les Vivarini , — la « Présentation au Temple » du Musée de Berlin et « l'Adoration des Mages » de la collection de Lady Ashburton. -tous peints entre 1452 et 1455- on remarque déjà le traitement naturaliste de la forme, la plasticité du modelé et le sombre la coloration , qui furent du début à la fin caractéristiques de Mantegna, avec une suggestion de la retenue digne et du rythme solennel du mouvement, qui plus tard distingueront davantage son style. Il est en outre remarquable que dans les deux dernières, ainsi que dans d'autres représentations anciennes de la Vierge et du Saint Enfant, comme celle du Musée Poldi-Pezzoli de Milan, c'est la relation purement humaine entre la mère aimante et son petit sans défense qui est sorti de la plus grande force, sans aucune suggestion de surnaturel. Dans la « Présentation au Temple », Marie s'accroche à l'Enfant comme si elle ne voulait pas le laisser un instant quitter ses bras, et dans « l'Adoration », son visage exprime une tendre aspiration infiniment touchante ; tandis que dans les Saintes Familles ultérieures de la même main, l'Enfant Jésus devient de plus en plus distant et digne, jusqu'à ce qu'il apparaisse enfin comme un jeune Dieu conscient de son pouvoir de sauver et de bénir, tandis que sa mère se retire au second plan.

Plus importante peut-être, d'un point de vue technique, que ces peintures à l'huile indépendantes est la série de fresques de la chapelle des Eremitani , dans lesquelles on peut clairement retracer le développement progressif du style de Mantegna. Il s'y montra pour la première fois capable de réaliser avec succès un projet de décoration vaste et élaboré, chaque composition avec son décor approprié, bien que complète en elle-même, contribuant à l'effet général de l'ensemble. On ne sait pas exactement quand la grande entreprise commença, mais on suppose que la commission en fut confiée à Squarcione vers 1452 et que son exécution fut confiée par lui à Mantegna, qui en 1448 avait signé un accord le liant au service de son père adoptif pendant de nombreuses années. Dans un testament daté du 5 janvier 1443, la Chapelle des Eremitani fut léguée par son propriétaire d'alors, Antonio degli Ovetari , à Jacopo Leone, à condition qu'après la mort du testateur, sept cents ducats d'or soient dépensés pour sa décoration avec des scènes de la vie des saints Jacques et Christophe. Les sujets, et peut-être aussi les positions qu'ils devaient occuper, étaient ainsi déterminés d'avance ; et il ressort clairement des preuves internes que toutes les fresques ne sont pas de la main de Mantegna, mais que son esprit les domine toutes, et celles dont il est entièrement responsable, en particulier celle de « Saint-Pierre ». Jacques conduit à l'exécution », le « Martyre » et « l'Enterrement de Saint-Christophe » marquent un grand progrès, tant dans la conception que dans l'exécution technique, par rapport à tout ce qui a été produit jusqu'ici par leur auteur. Dans le premier, Mantegna s'est approché plus près de Donatello dans l'expression du mouvement qu'il ne l'avait fait auparavant, et a fait preuve d'une très grande habileté en concentrant l'attention sur la figure du martyr, qui s'arrête pour bénir et guérir un boiteux agenouillé à ses pieds. , les soldats s'arrêtant pour regarder, et les spectateurs se retournant pour voir ce qui retarde le cortège. Le « Martyre » et « L'Enterrement de Saint-Christophe » sont également étonnamment dramatiques, donnant des présentations très vivantes des scènes finales de la longue agonie de la victime deux fois martyrisée, qui s'est avérée encore en vie alors qu'elle était censée être décédée. ont été abattus; mais, malheureusement, les deux compositions sont tellement dégradées qu'il est difficile de se faire une idée véritable de ce qu'elles étaient à l'origine.

Les années pendant lesquelles Mantegna travailla aux fresques des Eremitani , censées avoir été achevées en 1455, coïncidèrent avec la période la plus intéressante de la vie de l'artiste d'un point de vue personnel. En 1453, il se fiance avec la fille unique de Jacopo Bellini, Nicolasia , qu'il connaît depuis son enfance et à laquelle il est longtemps attaché. Il se maria avec elle en 1455, et le jeune couple commença évidemment leur vie commune sous de très heureux auspices ; mais on sait vraiment peu de choses sur leurs fréquentations ou sur leurs expériences ultérieures. Malheureusement, il n'est pas non plus possible d' évoquer avec un semblant de réalité la personnalité de la mariée, car même si elle a certainement souvent posé pour son père, son mari et ses frères, son portrait ne peut être identifié dans aucune de leurs compositions. Qu'elle était belle et charmante est généralement tenu pour acquis, qu'elle partageait la faculté esthétique dont les autres membres de sa famille étaient si richement dotés est plus que probable, et qu'elle était une bonne épouse pour Mantegna est incidemment prouvé par le fait que ses difficultés financières n'ont commencé qu'après sa mort ; mais c'est tout ce qu'on peut recueillir d'elle. Il est beaucoup plus facile de comprendre à quoi ressemblait l'époux, car Andrea s'est présenté parmi les spectateurs dans le « Martyre de Saint Christophe » et dans la plus tardive « Rencontre entre Lodovico Gonzaga et son fils, le cardinal Francesco », de la Camera degli Sposi à Mantoue, dans lesquelles le peintre apparaît comme un bel homme à l'air distingué, dont les traits un peu sévères, dans lesquels cependant rien n'indique le caractère irritable dont certains de ses contemporains le accusaient, ressemblent beaucoup à ceux de le beau buste en bronze, d'origine incertaine, qui fut érigé en 1560 devant sa chapelle mortuaire de S. Andrea, Mantoue, par l'un de ses petits-fils.

PLAQUE III.— PORTRAIT D'UN MEMBRE DE LA FAMILLE GONZAGA

(Au Palais Pitti , Florence)

Ce beau portrait, aujourd'hui conservé au Palais Pitti , à Florence, représente l'un des membres de la famille Gonzague introduits dans les célèbres fresques de Mantegna qui ornaient la Camera degli Sposi et autres appartements dans le Château de Mantoue.

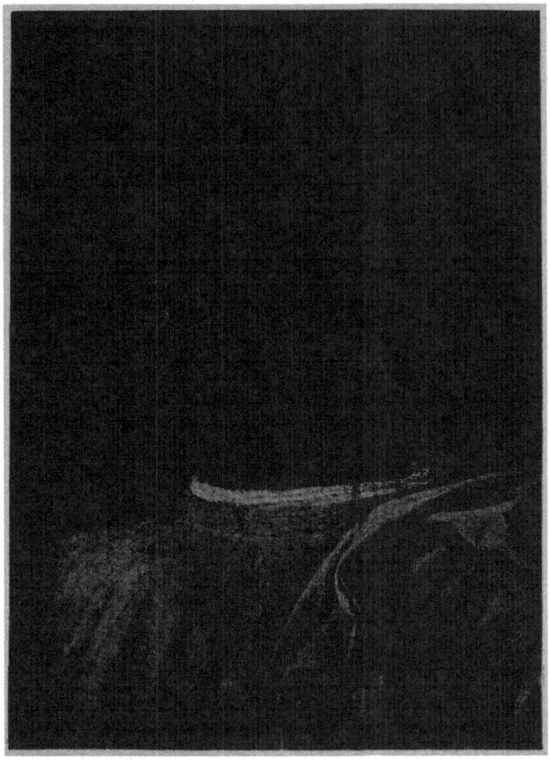

Presque le seul commentaire fait par les biographes de Mantegna sur son mariage est qu'après celui-ci l'influence de Jacopo Bellini sur son style est devenue plus marquée, et presque tout ce qu'ils ont à dire de lui et de sa femme, c'est qu'ils ont eu trois garçons, l'un des décédé en bas âge, et deux filles. Parfois, il est vrai, on fait référence au travail réalisé dans l'atelier de leur père par l'un ou l'autre des fils survivants, nommés Francesco et Lodovico. On fait allusion *en passant* aux mariages des filles Laura et Taddea , et on mentionne que dans sa vieillesse le grand peintre eut un fils naturel, auquel il donna les noms de Giovanni Andrea, et qu'il confia sur son sur son lit de mort, confié aux soins du demi-frère du garçon, Lodovico ; mais on ne peut guère recueillir de détails sur la vie familiale du maître avant le décès de Nicolasia , et personne n'a non plus pu déterminer avec certitude qui était l'héroïne du roman des dernières années du maître. Même le Dr Paul Kristeller , dans son œuvre monumentale, dans laquelle est rassemblé à partir d'une infinie variété de sources tout ce qui peut éclairer le caractère, les objectifs et l'œuvre de Mantegna, ne peut faire que suggérer que lui et sa famille étaient en bons termes l'un avec l'autre, qu'il avait à cœur le meilleur intérêt de ses enfants et que sa femme partageait la tendre sensibilité poétique de son talentueux frère, Giovanni Bellini.

Pour compenser le manque d'informations personnelles intimes avec lesquelles les auteurs de Mantegna doivent composer, ils s'attardent tous longuement sur chaque incident de sa carrière artistique, décrivant minutieusement, par exemple, les relations tendues entre lui et Squarcione , qui aboutit en 1456 à l'action qu'il intenta contre ce dernier. La décision a été favorable à Andrea, qui a plaidé qu'il était mineur au moment de la signature de l'accord déjà mentionné ci-dessus et que les conditions de l'arrangement conclu avaient été violées par son père adoptif. On raconte en outre que Squarcione fut dès le début farouchement hostile à l'intimité entre Mantegna et les Bellini, mécontent de l'influence que Jacopo exerçait sur un élève qu'il considérait comme son propre protégé spécial. Lorsqu'il apprit les fiançailles entre Andrea et Nicolasia , il jura qu'il ne consentirait jamais à ce mariage, et lorsqu'il découvrit que sa sanction du mariage avait été supprimée, son indignation ne connut aucune limite. Il exprima son mécontentement en exigeant des heures déraisonnables de Mantegna et en critiquant sévèrement son travail sur les fresques des Eremitani , dans lesquelles il trahissait trop clairement sa jalousie à l'égard du talent supérieur du jeune artiste. En réalité, Mantegna n'avait plus qu'à rompre tout lien avec un employeur aussi déraisonnable, mais le fait qu'il l'ait fait avec regret, se souvenant de ses bontés passées, est prouvé par le fait qu'il a retardé la rupture aussi longtemps qu'il l'a fait. Ce fut une bonne chose pour lui lorsqu'il quitta finalement la boutique Squarcione et devint libre de travailler, sans contrôle, à son propre salut artistique, et désormais on peut vraiment dire qu'il est passé de force en force, jusqu'à ce qu'enfin, dans des chefs-d'œuvre tels que le « Triomphe de César » et la « Madonna della Vittoria », il atteignit le zénith de ses pouvoirs.

La deuxième période de la carrière de Mantegna commence avec la peinture du beau triptyque pour S. Zeno, Vérone, commandé par le protonotaire papal éclairé, l'abbé Gregorio Correr , l'un des principaux ecclésiastiques de son temps, le premier des nombreux mécènes distingués qui aujourd'hui commença à chercher à s'attacher les services du jeune peintre de Padoue. Le retable de S. Zeno, dont la composition principale appartient à la classe dite des « sacro conversazione », dans laquelle des saints de différentes époques sont groupés autour de la Vierge et de l'Enfant, marque un progrès très considérable dans la définition des caractères. Les personnalités d'hommes aussi divers que les saints Pierre, Jean l'Évangéliste, Augustin et Zénon sont réalisées avec un grand succès, et la concentration de la lumière sur la figure de l'Enfant Jésus préfigure le grand changement qui allait bientôt s'opérer dans le monde. représentations artistiques de la Sainte Famille. Il est très regrettable que l'ouvrage complet ne puisse plus être vu tel qu'il était lors de sa première mise en place, car il fut emporté par les Français en 1797 ; et bien qu'après le Traité de Vienne la partie supérieure ait été restituée à S. Zeno, où elle est aujourd'hui accrochée au chœur, les trois sujets de la prédelle, qui sont également d'une grande importance dans l'étude du développement du style de Mantegna, sont restés en place. France, la « Crucifixion », conception noble mais terriblement réaliste, occupe une place d' honneur au Louvre, tandis que « l'Agonie dans le jardin » et « l'Ascension », qui la flanquaient originellement de chaque côté, sont à Tours.

Alors qu'il était engagé dans son entreprise ardue pour l'abbé Correr , Mantegna peignit trois de ses rares portraits : celui, maintenant à Berlin, du cardinal Luigi Mezzarota , le prélat guerrier qui dirigea les troupes papales contre les Turcs en 1457, les battant avec de grandes pertes ; celle, au Musée de Naples, du cardinal Francesco Gonzaga, qui reçut le chapeau rouge avant l'âge de dix-sept ans ; et la célèbre double ressemblance de Jean de Czezomicze , plus connu sous le nom de Janus Pannonius , malheureusement perdue, mais qui a valu à son auteur une grande renommée et a inspiré la belle élégie que lui a adressée le poète à son achèvement.

Entre le cardinal Francesco et Andrea se noua bientôt une amitié très forte, qui peut-être n'était pas étrangère aux invitations pressantes que Mantegna commençait à recevoir du père du jeune prélat Lodovico, marquis régnant de Mantoue, qui entretenait dignement le grand traditions de ses ancêtres, sous les auspices desquels l'ancienne forteresse, qui allait devenir si inséparablement associée à la mémoire du maître padouan, fut agrandie et renforcée, et la Grande Cathédrale avec la noble église Renaissance de S. Andrea fut construite. La première des invitations de Lodovico était probablement verbale, mais elle fut rapidement suivie par des appels écrits urgents, dont certains ont été conservés, dans lesquels l'écrivain propose de faire de Mantegna son peintre de cour avec un salaire élevé et de lui accorder certains privilèges précieux. , les lettres reflétaient non seulement la haute estime dans laquelle étaient alors tenus les peintres éminents et l'empressement avec lequel leur travail était en compétition, mais aussi les grands sacrifices qui étaient exigés d'eux, et étaient tels qu'aucun mécène de l'art moderne ne rêverait. exigeant.

sans cesse sa dernière réponse au marquis, car il aimait Padoue, où il trouvait de nombreux emplois agréables et était entouré d'amis reconnaissants ; mais il finit par céder, attiré probablement en partie par les avantages matériels de la position qui lui était offerte, et en partie par les facilités exceptionnelles dont il disposerait à Mantoue pour les recherches antiquaires dont il se plaisait. C'est dans la seconde moitié de 1459 qu'il arriva, accompagné de Nicolasia et de leurs deux petits enfants, dans la célèbre ville, où il fut chaleureusement accueilli par le marquis et son épouse, la marquise Barbara, et leurs deux fils, Federico et le cardinal. Francesco. De cette époque jusqu'à sa mort, à l'exception de deux années passées à Rome, Mantegna travailla presque exclusivement pour la famille Gonzaga, s'attachant de plus en plus à eux et à leurs intérêts. Dès le début, la situation du peintre de cour semble avoir été très enviable, car, s'il est vrai que le paiement de son salaire était parfois retardé, il entretenait évidemment la plus grande intimité avec son patron, qui bientôt après son arrivée, il lui accorda des armoiries représentant son propre emblème et, comme le prouvent de nombreuses lettres encore existantes, il était toujours prêt à l'aider et à le conseiller, que ce soit dans des domaines aussi triviaux que la coupe d'un manteau ou aussi sérieux que le droit. litiges concernant les limites de propriété appartenant à l'artiste. Que la pauvreté dont Mantegna se plaignait parfois devait être purement nominale, cela ressort en effet de ces procès, ainsi que du fait qu'il était capable de constituer une collection d'antiquités très précieuse et de donner d'importantes dots à ses filles lorsqu'elles se mariaient.

PLAQUE IV.— L'AGONIE DANS LE JARDIN

(À la Galerie Nationale)

Cette belle composition, aujourd'hui conservée à la National Gallery de Londres, est censée être une réplique du « Mont des Oliviers » qui faisait à l'origine partie de la prédelle du grand retable de San Zeno, à Vérone, et avoir été peinte en 1439 pour Giacomo Antonio Marcello, alors podestat de Padoue.

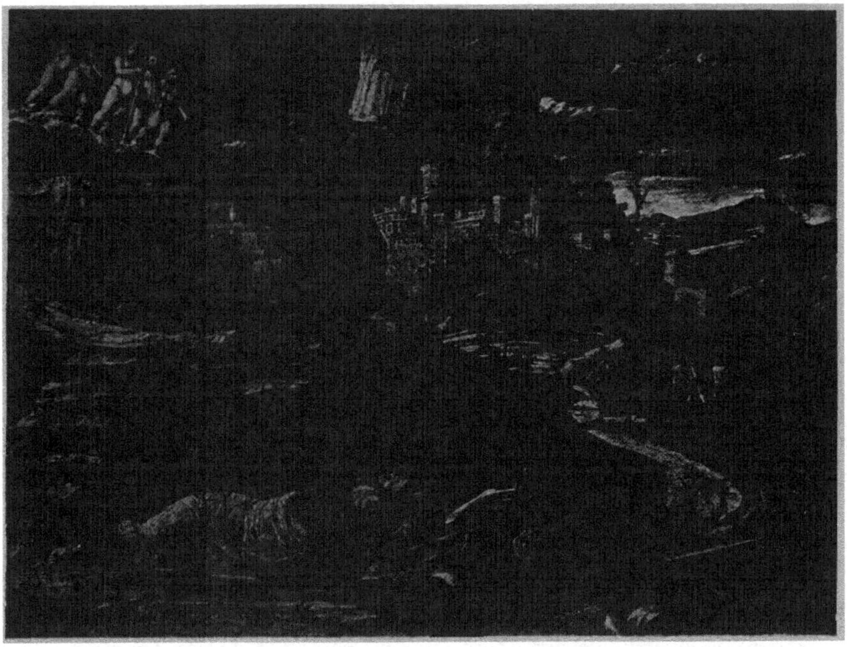

Les premiers tableaux peints à Mantoue furent le magnifique triptyque de « l'Adoration des rois », de la « Circoncision » et de « l'Ascension », aujourd'hui conservé aux Offices à Florence ; la « Mort de la Vierge », à la Galerie du Prado ; et la remarquable « Pietà » de la Galerie Brera ; la dernière n'est probablement qu'une étude, car elle se trouvait encore dans l'atelier de Mantegna au moment du décès de l'artiste, raison pour laquelle elle a été attribuée à tort à une période ultérieure. Aussi désagréable qu'il soit par son réalisme saisissant, le « Christ mort » présente une valeur particulière comme étude en perspective et, de l'avis du Dr Kristeller , il a été peint en vue d'être vu d'en bas, car il dit « Ce n'est que comme peinture de plafond, avec son point de vue en perspective coïncidant avec le point central du plafond, que la figure apparaîtrait correctement raccourcie. Il ne fait aucun doute, ajoute-t-il, qu'elle a été peinte comme une étude préliminaire pour le jeune nu debout à l'intérieur de la balustrade du plafond de la Camera degli Sposi et pour d'autres personnages dans les tableaux du plafond. Quoi qu'il en soit, cette étrange composition est la seule parmi les œuvres de son auteur et restera probablement toujours un sujet de controverse parmi les critiques, tant ses particularités affectent différemment les différents tempéraments.

Outre les peintures à l'huile citées ci-dessus, Mantegna a également réalisé entre 1459 et 1460 un grand nombre de fresques pour les différentes résidences du marquis de Mantoue, mais il n'en reste malheureusement aucune trace. Les premières œuvres existantes de ce genre sont celles de la Camera degli Les Sposi du Château de Corte, achevés en 1474 et, malgré leur triste état de délabrement, principalement dû au fait qu'ils ont été exécutés sur une surface sèche plutôt que humide, sont classés parmi les exemples les plus remarquables du XVe siècle. siècle d'art décoratif existant. Non seulement ils sont admirablement exécutés et parfaitement adaptés à la position qu'ils occupent, mais ils inaugurent également un nouveau départ dans le portrait historique, les principaux sujets étant des groupes des différents membres de la famille Gonzaga, dont le plus intéressant et le plus caractéristique est peut-être , celui représentant la rencontre entre le marquis Lodovico et le cardinal Francesco, déjà mentionné comme contenant un portrait de l'artiste.

Dans les autres fresques de la Camera degli Le cardinal Sposi , devenu alors légat pontifical de Bologne et évêque de Mantoue, brille par son absence, sa haute position dans l'Église rendant ses visites chez lui très rares et le faisant recevoir avec beaucoup de pompe et de cérémonie. cérémonie lorsqu'il est apparu. A cette occasion, lui et son père, accompagnés de ses deux petits-fils aînés, étaient chacun accompagnés d'un grand cortège, et Mantegna a su avec beaucoup d'habileté, tout en conservant une certaine convivialité, transmettre une impression de grandeur, les nobles figures de les acteurs de la scène se détachent sur un beau fond de paysage d'où s'élève la ville de Mantoue.

Les décorations de la Camera degli Sposi ravit tellement le marquis qu'il offrit à leur auteur un domaine au cœur de la ville, sur lequel Mantegna entreprit aussitôt de construire une demeure princière, dont une partie est aujourd'hui transformée en collège. Cependant, bien avant qu'il ne soit terminé, il fut attristé par la mort de Lodovico, décédé en 1478, peu après avoir commandé ce qui allait être le plus grand chef-d'œuvre de son peintre de cour bien-aimé : la série de tableaux représentant le « Triomphe de César » . " qui se trouvent maintenant à Hampton Court, après avoir été achetés en 1624 au marquis alors régnant par Charles Ier. Lodovico fut remplacé par son fils Federico, qui traita Mantegna avec la même considération affectueuse que son prédécesseur, s'intéressant profondément à son bien-être et sympathiser avec lui dans ses inquiétudes domestiques. Le 25 octobre 1478, il écrivit à l'artiste, qui n'avait pas pu achever certaines œuvres pour lui à cause de la maladie, le suppliant d'essayer de se rétablir le plus rapidement possible, mais de ne pas s'inquiéter du retard, et plus tard il fit tout en son pouvoir pour le délicat garçon de Mantegna, s'enquérant constamment de ses nouvelles et donnant à son père une lettre d'introduction au célèbre médecin Girardo da Verona, qui présente un intérêt particulier, car elle donne un aperçu bien trop rare de le peintre en tant qu'homme autant qu'artiste, tremblant pour la vie de son enfant souffrant. Le marquis prie le médecin, que Mantegna emmena son fils à Venise en 1480, de consulter, « de montrer toutes les considérations possibles à notre noble et bien-aimé serviteur » ; et quoique le voyage fût vain, le malade étant mort peu après son retour à Mantoue, la sollicitude témoignée à son égard par le marquis dut toucher le cœur de ses parents affligés.

PLAQUE V.—LA VIERGE À L'ENFANT ENTOURÉE DE CHERUBONS

(Dans la Galerie Brera, Milan)

Cette charmante composition, aujourd'hui conservée à la Galerie Brera de Milan, a été peinte en 1485 pour le jeune marquis de Mantoue, Gian Francesco Gonzaga, comme cadeau pour la duchesse Eleanora de Ferrare, mère de sa fiancée, Isabelle d'Este . Elle est considérée comme l'une des plus belles images religieuses ultérieures de Mantegna.

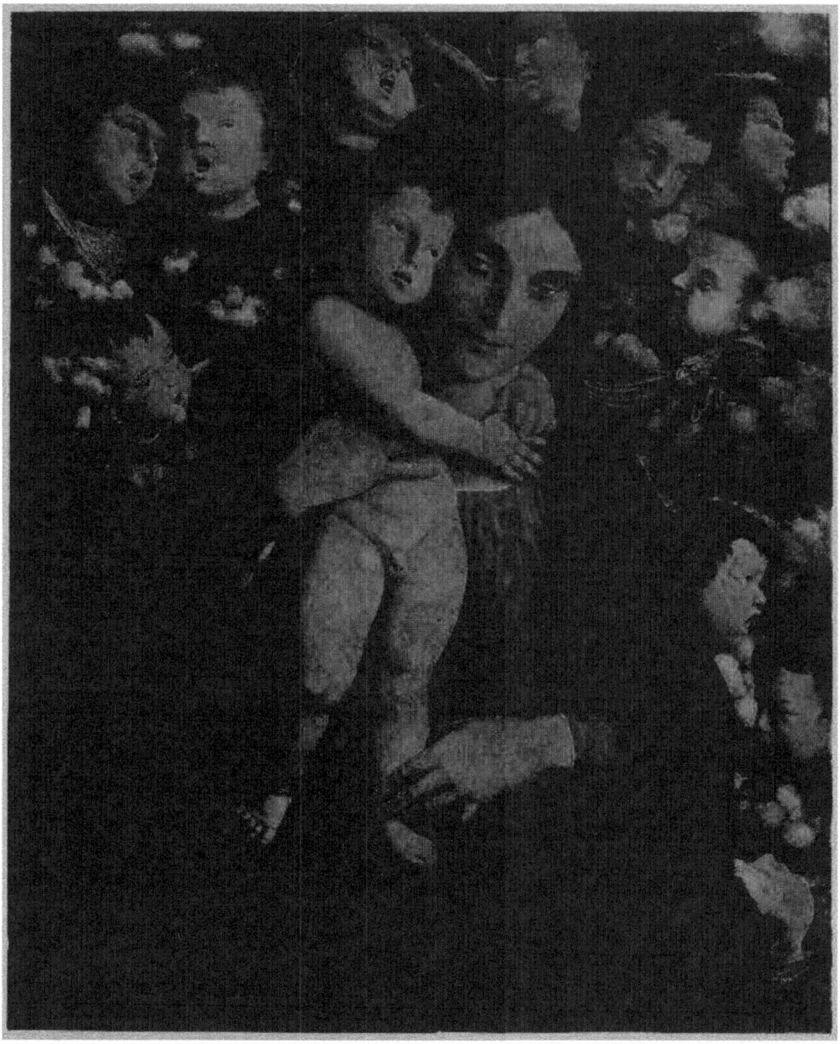

En 1481, la cour de Mantoue fut endeuillée par la mort de la marquise douairière Barbara, qui avait été dès le début une très bonne amie de Mantegna, et deux ans plus tard de son fils, le cardinal Francesco Gonzaga, à qui l'artiste était dévoué. attaché, est également décédé. Lorsqu'en 1484 Federico lui-même mourut subitement et que son fils de dix-huit ans, Gian Francesco - généralement désigné uniquement par son deuxième nom - devint marquis à sa place, Mantegna semble avoir craint que sa position à Mantoue ne soit défavorablement affectée. touché par tous les changements qui s'opéraient, il s'empressa d'offrir ses services à Laurent de Médicis, avec lequel il avait quelque légère connaissance et dont la libéralité en tant que mécène des arts et des lettres était bien connue. On ne sait pas quelle réponse le duc florentin fit à sa suggestion ; mais il devint bientôt évident que le nouveau souverain de Mantoue savait aussi bien sinon mieux que son père et son grand-père avant lui comment estimer son peintre de cour, et l'un des premiers actes de son règne fut de demander à Mantegna de peindre un tableau à présenter à la duchesse Eleonora de Mantoue, mère de sa fiancée, Isabelle d'Este , qui n'avait alors que dix ans, mais qui deviendra plus tard l'une des mécènes les plus libérales et des admiratrices fidèles de l'artiste.

Le tableau en question est censé être la belle « Vierge à l'Enfant », avec un fond de têtes d'angelots, aujourd'hui conservée à la Galerie Brera de Milan, considérée, en ce qui concerne ses couleurs , comme l'une des réalisations les plus brillantes de Mantegna. Selon certaines autorités, il avait déjà été commandé quelques mois auparavant par la duchesse, et Francesco n'avait eu qu'à inciter l'artiste à le terminer sans plus tarder ; mais, en tout cas, le jeune marquis était constamment dans l'atelier pendant que celui-ci était en cours, causant avec le peintre tantôt de l'œuvre, tantôt de ses affaires privées. Il était, dit-on, profondément amoureux de sa fiancée, ou plutôt de l'idée qu'il se faisait d'elle, car il est douteux qu'il l'ait déjà vue, la cour s'étant faite par procuration dès 1480, date à laquelle la petite fille de six ans avait ravi l'envoyé de Mantoue par sa grâce et son charme. A peine le tableau fut-il signé, que le désireux prétendant le fit emballer et partit pour Ferrare, où il fut reçu avec le plus grand enthousiasme, non seulement par la duchesse elle-même, mais par toute la cour qui, sous la direction éclairée de Le duc Ercole Ier était un centre culturel où affluaient artistes, poètes, musiciens, humanistes et autres dirigeants de la vie esthétique et intellectuelle de l'époque.

De la rencontre réelle entre les fiancés, aucune trace n'a été conservée ; mais il ressort des lettres écrites par le marquis que ses attentes étaient plus que comblées, Isabelle promettant déjà les qualités exceptionnelles qui devaient faire d'elle l'une des femmes les plus fascinantes et les plus influentes de son temps, dont le souvenir était doux et influent. la présence gracieuse persiste encore à Ferarra et à Mantoue. Il était difficile à son amant de s'arracher le jour où il devait rentrer chez lui, où sa présence était grandement nécessaire ; mais avant de partir, il exigea de la duchesse Eleonora qu'elle amènerait sa fille à Mantoue à l'automne de la même année.

Il est facile d'imaginer tout ce que Francesco dut confier à son peintre de cour lors de sa prochaine visite à l'atelier ; comment il s'attardait sur les charmes de sa bien-aimée Isabelle et se lamentait sur les années qui devaient s'écouler avant qu'elle puisse devenir sa femme. Il trouva Mantegna très occupé aux dessins préliminaires du « Triomphe de César », et aux instructions déjà données par Lodovico Gonzaga il ajouta le souhait que tous les invités distingués qui devaient bientôt se réunir à sa cour soient introduits dans les processions. ainsi que les principaux membres de sa propre famille.

Mantegna, aurait-il pu dire, aurait de nombreuses occasions d'en faire des études ; et maintenant il devait laisser tout le reste de côté pour un temps pour concevoir les décorations en l'honneur de la visite de la mariée élue et de sa mère, qui devaient être une sorte d'avant-goût des convives du mariage. Dans tous les préparatifs de ce grand événement, il comptait sur la coopération de Mantegna, qui devait promettre de n'accepter aucune invitation ou commande qui pourrait interférer avec son travail sur ces événements, et, aussi prématuré que cela ait dû paraître à l'artiste, il a facilement donné l'assurance requise.

Tout se passa aussi heureusement que Francesco lui-même aurait pu le souhaiter pendant le bref séjour à Mantoue d'Éléonore et d'Isabelle, qui conquirent tous les cœurs par leur appréciation sympathique de tout ce qui était fait pour leur plaire. Après leur départ, les travaux du « Triomphe de César » se poursuivirent rapidement, interrompus seulement de temps en temps pour l'exécution de commandes mineures, telles que la conception de bijoux , de tasses à boire, etc. ; mais en 1488 arriva une convocation très malvenue pour que Mantegna se rende à Rome, le pape Innocent VIII, qui avait entendu parler de la beauté des fresques de Padoue et de Mantoue, souhaitait avoir une chapelle au Vatican décorée par leur artiste. Une telle invitation avait toute la force d'un ordre, et le marquis fut obligé de laisser partir son peintre bien-aimé ; mais avant de partir, il lui conféra l' honneur de chevalerie, afin qu'il puisse prendre une meilleure position à la cour papale, et lui rappela une fois de plus la nécessité qu'il soit de retour à Mantoue au plus tard en janvier 1490. Emportant avec lui une lettre au Pape, datée du 10 juin 1488, dans laquelle Francesco parlait de lui dans les termes les plus élogieux, Mantegna partit pour la Ville Sainte, où il fut accueilli avec le plus grand empressement, non seulement par son nouvel employeur mais par les notabilités ecclésiastiques et laïques, qui rivalisaient pour lui faire honneur . Certaines lettres adressées au marquis Francesco trahissent cependant un mécontentement à l'égard du paiement qu'il recevait du pape, ainsi que des facilités pour son travail qui lui étaient accordées au Vatican, mécontentement qui aurait en effet été intensifié s'il avait prévu que le les fresques pour lesquelles il a tant sacrifié seront impitoyablement détruites en 1780, ainsi que la chapelle qui les contient, pour faire place au Musée Pio Clementina.

Ce n'est qu'à partir des allusions de Vasari et des descriptions des critiques ultérieurs, Agostino Taja et Giovanni Pietro Chattard , qui vécurent dans la seconde moitié du XVIIIe siècle et virent les fresques peu avant leur destruction, que l'on peut avoir une idée de ce qu'ils étaient; mais une copie supposée d'un portrait d'Innocent VIII. qui y est inclus, fait partie de la collection de l'archiduc Ferdinand d'Autriche. Qu'ils aient été exécutés par Mantegna sans aucune aide est prouvé par une lettre de lui au marquis

Francesco, datée du 15 juin 1489, dans laquelle il dit : « Le travail est lourd pour un homme seul, désireux d'obtenir les honneurs , surtout à Rome. , où l'opinion est exprimée par tant d'hommes capables, et comme dans les courses courues par des chevaux barbaresques, le premier remporte le prix, ainsi moi aussi je dois gagner à la fin, s'il plaît à Dieu.

Il n'est pas nécessaire de s'attarder longtemps sur des œuvres d'art complètement disparues. Il suffit de dire que les fresques n'étaient pas terminées en décembre 1489, mais que Mantegna espérait obtenir un congé du pape pour février 1490, lorsqu'il fut soudainement frappé par la fièvre, juste avant son départ pour Mantoue. ça s'est bien passé. Le mariage dont on parle depuis longtemps a donc eu lieu pendant son absence, et il n'a, après tout, absolument rien à voir avec les festivités en l'honneur du mariage, qui étaient évidemment d'une description magnifique. Cela a dû être, en effet, une vive mortification pour lui d'avoir manqué une occasion aussi en or de prouver son dévouement à son patron de Mantoue, et il est facile de comprendre avec quels sentiments mitigés il a entendu parler de l'accueil enthousiaste de la mariée dans la chambre de son mari. ville natale. Accompagnés des parents d'Isabelle, de son oncle le cardinal d'Este et de ses trois jeunes frères, et escortés d'une brillante suite, les nouveaux mariés entrèrent dans la ville le 12 février, le seul inconvénient de leur bonheur, rapportent les chroniqueurs contemporains, ayant été le absence du peintre de la cour, dont les louanges avaient été si souvent chantées par le marié.

PLAQUE VI.— LA VIERGE À L'ENFANT DE LA GROTTE

(Galerie des Offices, Florence)

Ce groupe sévère et digne, aujourd'hui conservé à la Galerie des Offices à Florence, est supposé par certains critiques avoir été peint à Mantoue à peu près à la même époque que les fresques de la Camera degli Sposi , tandis que d'autres l'attribuent à une date beaucoup plus tardive, déclarant qu'elle a été réalisée entre 1488 et 1490, lors de la résidence de l'artiste à Rome.

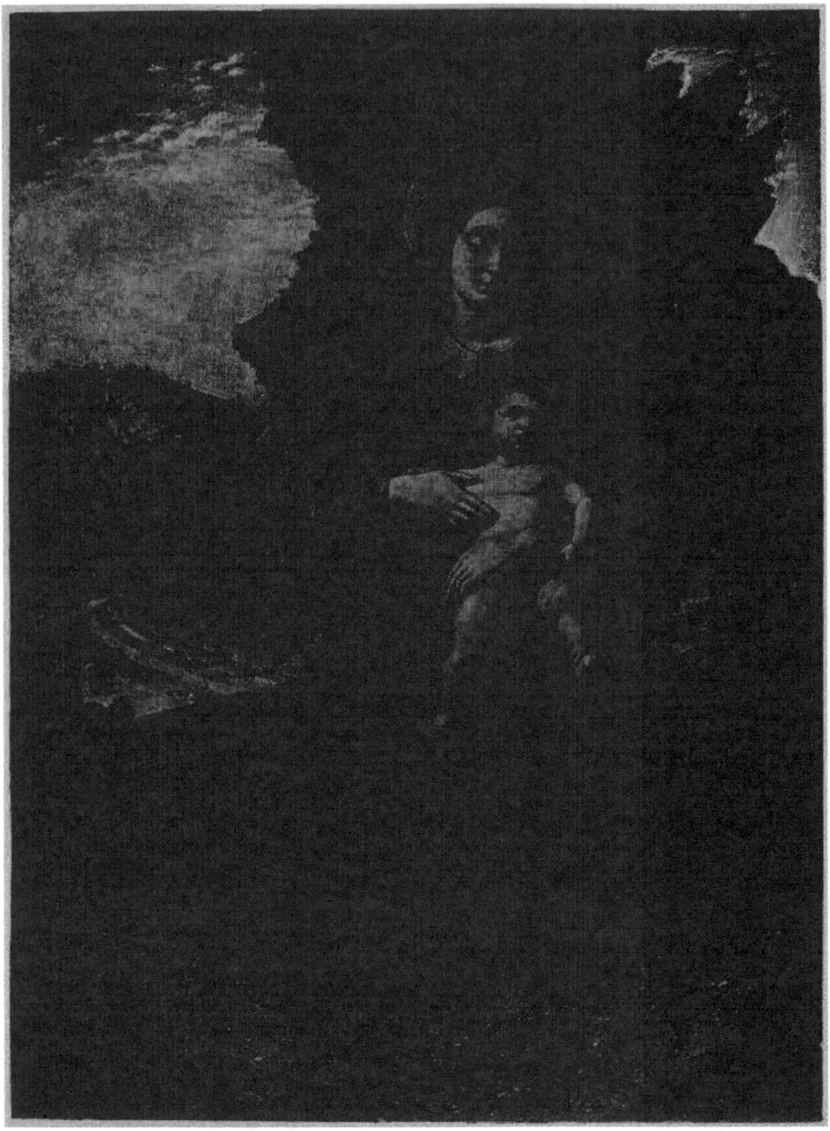

Heureusement, l'artiste se remet rapidement de sa maladie, mais ce n'est qu'en septembre qu'il termine son œuvre à Rome et reçoit du pape l'autorisation de retourner à Mantoue. Innocent VIII. s'est exprimé dans sa lettre de licenciement pleinement satisfait de la manière dont ses souhaits avaient été exécutés ; mais on peut se demander si l'artiste était également satisfait de la récompense pour ses services. Il était évidemment très heureux de quitter Rome où, chose étrange, malgré son amour pour l'Antiquité et les opportunités dont il a dû profiter pour son étude préférée , il semble s'être senti hors de son élément. Sa correspondance avec le marquis trahit un grand mal du pays et ne contient absolument aucune allusion aux trésors artistiques du Vatican. Il plaide auprès de son patron pour obtenir un rendez-vous pour son fils Lodovico, déclare qu'il a hâte de travailler à nouveau sur le « Triomphe de César » et raconte divers potins de la cour, racontant des histoires étranges, par exemple sur le malheureux. Le prince Djem , frère du sultan régnant de Turquie, alors prisonnier au Vatican, ne dit pas un mot pour éclairer la situation politique, qui inquiète déjà les chefs des grands États italiens. De retour à Mantoue, Mantegna se débarrasse rapidement de la dépression révélée dans ses lettres et reprend son ancienne place comme s'il n'en était jamais parti, son atelier redevenant le centre de l'activité artistique de l'ancienne ville.

Le peintre de cour fut accueilli avec autant d'enthousiasme par la jeune marquise que par son mari, et pour le reste de sa vie sa fortune fut très étroitement liée à celle de la famille d'Este , ce qui équivaut à dire qu'il devait désormais être en contact étroit avec l'histoire de son pays natal, elle était déjà à la veille de la Révolution qui allait complètement changer sa position dans le système politique des nations. L'épouse du marquis de Mantoue était la sœur unique de Béatrice d'Este , mariée le 29 décembre 1490 à Lodovico Sforza, brillamment doué mais inconstant, cruel et rusé, surnommé II Moro, qui obtint le duché de Milan par trahison. , et contribua principalement à provoquer l'invasion de l'Italie par les Français, un crime pour lequel il devait payer cher, d'abord de sa liberté et finalement de sa vie, car il mourut prisonnier au château de Loches en 1508. .

Aucun soupçon de troubles à venir n'attrista les premiers mois de la vie d'Isabelle d'Este à Mantoue, sa principale inquiétude ayant apparemment été au sujet de sa sœur bien-aimée, dont le sort était bien moins heureux que le sien. Lodovico Sforza n'avait pas été un amant aussi ardent que Francesco Gonzaga, car il avait une maîtresse, la charmante et érudite Cecilia Gallerani , à laquelle il était dévoué et qui avait été traitée par lui pendant de nombreuses années comme si elle était son épouse légale. épouse. Il est significatif de la manière indulgente avec laquelle de telles unions étaient considérées que ses relations avec elle n'étaient pas considérées comme un obstacle à son mariage avec une jeune fille innocente, dont les parents faisaient tout ce qui était en leur pouvoir pour hâter ses fiançailles avec lui. Il était évident, cependant, que Béatrice ne partageait pas leur empressement, et c'est vers Isabelle, qui s'était précipitée à Ferrare dès que l'affaire était réglée, qu'elle se tourna pour trouver du réconfort dans sa peur de ce qui l'attendait. Que la marquise ait réussi à la rassurer et à la préparer à l'épreuve est prouvé par la manière digne avec laquelle l'enfant-épouse se comportait au cours des longues et brillantes festivités qui célébraient son union avec un homme plus du double de la sienne. l'âge et la facilité avec laquelle elle assuma les lourdes fonctions d'épouse du prince le plus important et le plus puissant d'Italie. C'est le cœur soulagé de ses craintes les plus pressantes que la sœur aînée rentra chez elle, et les lettres que Béatrice lui écrivit dans les mois qui suivirent son départ révèlent un attachement grandissant entre les nouveaux mariés, qui fut scellé en janvier. 1493 par la naissance de leur premier fils.

La cour des Gonzague devint désormais le rendez-vous des principaux auteurs, artistes et antiquaires de l'époque, qui rivalisaient d'admiration enthousiaste pour la belle jeune marquise, même si les écrivains contemporains suggèrent parfois qu'au fil du temps certains d'entre eux se révoltaient plutôt contre ses exigences croissantes, car elle aurait voulu que tout le monde abandonne tout pour obéir à ses ordres. On dit même qu'elle envoya des messages impérieux à de grandes célébrités comme le Pérugin, Giovanni Bellini et Léonard de Vinci, leur demandant de venir aider Mantegna à décorer ses appartements, décrivant les sujets qu'elle souhaitait qu'ils interprètent et s'exprimant comme profondément lésée. quand ils ne se sont pas présentés. D'un autre côté, il ne fait aucun doute qu'elle se montra une mécène très généreuse et attentionnée pour son propre peintre de cour, et les quatre années qui suivirent son retour de Rome furent probablement parmi les plus heureuses de la vie de Mantegna. Il travailla presque exclusivement au « Triomphe de César », ne recevant l'aide d'aucun autre artiste, achevant la dixième composition en 1494 et réalisant pour d'autres plusieurs esquisses qui ne furent jamais terminées. Dans ces merveilleuses créations, l'artiste a réalisé l'esprit même de l'Antiquité, tout en léguant à la postérité une série merveilleusement vraie de présentations de la vie contemporaine de son temps, pleine d'incidents significatifs et de contrastes efficaces, les différents groupes affichant une liberté de une exécution et une force d'expression telles que Mantegna n'en avait jamais atteintes auparavant. Pour la première fois, le réalisme et l'idéalisme étaient fusionnés et le passé semblait en réalité devenir le présent, s'éveillant à une nouvelle vie non seulement comme une abstraction intellectuelle, mais comme un spectacle visible de l'humanité.

L'année de l'heureuse conclusion du « Triomphe de César » fut désastreuse pour l'Italie, car en juillet 1494, le duc d'Orléans, à l'invitation de Lodovico Sforza, traversa les Alpes, suivi presque immédiatement par Charles VIII. Le roi de France et le duc d'Orléans furent accueillis avec beaucoup d'enthousiasme par Il Moro, dont la femme écrivit à sa sœur à Mantoue des récits élogieux des réjouissances de leur arrivée ; mais ceux qui regardaient sous la surface reconnaissaient quelle erreur fatale avait été commise, et de sinistres rumeurs commencèrent bientôt à se répandre sur les véritables motivations de Lodovico Sforza. La mort de son neveu Giangaleazzo, au moment le plus opportun pour lui, a fait naître des soupçons selon lesquels il aurait provoqué son empoisonnement, confirmés par la manière dont il a réussi à faire reconnaître ses droits à la succession et à faire reconnaître le jeune fils du défunt, Francesco. mis de côté en sa faveur . Pour autant, il fut autorisé à assumer l'autorité suprême à Milan sans opposition, et les chroniqueurs contemporains commentent même la gentillesse manifestée par lui et son épouse envers la duchesse veuve, à qui des appartements étaient attribués dans le palais qui avait si longtemps été son maison. Pendant ce temps, tout était resté calme à Mantoue, bien que tout ce qui se passait ailleurs était suivi avec un vif intérêt par les Gonzague et Mantegna. Au début de 1495, Isabelle se rendit à Milan pour rejoindre sa sœur, qui attendait son deuxième enfant, et le 4 février, un beau garçon naquit. Dans les brillantes festivités organisées pour célébrer le grand événement, la belle tante de l'enfant aurait joué un rôle de premier plan, recevant tantôt des ambassadeurs de tribunaux étrangers pour épargner la fatigue à la jeune mère, tantôt conseillant son beau-frère sur quelque difficile question d'étiquette. , coiffant des vers avec Gaspare Visconti, critiquant le travail de Giovanni Bellini ou jouant avec son neveu de deux ans, Ercole , qui l'adorait simplement.

Soudain, au milieu de toute cette gaieté légère, arriva la nouvelle que Charles VIII. était entré à Naples et avait été couronné roi de Sicile, et bien que les cloches de Milan sonnaient ostensiblement comme pour se réjouir, un conseil fut convoqué à la hâte pour se consulter sur les meilleures mesures pour sauver l'Italie des envahisseurs français. Le 12 avril, une ligue contre la France est signée entre Venise, Urbino, Mantoue, Milan, le roi Ferdinand d'Espagne et l'empereur Maximilien ; le marquis de Mantoue fut nommé généralissime des forces italiennes unies, et après avoir fait ses adieux affectueux à Mantegna, qui, dit-il, serait bientôt appelé à peindre un chef-d'œuvre pour célébrer une victoire, il partit de bonne humeur au chef de son armée. Ses paroles se révélèrent prophétiques, car le 6 juillet, à Fornovo , il battit les Français avec de grandes pertes, combattant aux côtés de ses soldats au premier rang. Avant d'entrer en action, il jura que s'il s'en sortait indemne, il construirait une église en l'honneur de la Vierge à Mantoue, et aussitôt la bataille terminée, il envoya des instructions à Mantegna pour qu'il fasse les plans de la construction et dessine un autel. -pièce pour cela.

PLAQUE VII.— PARNASSUS

(Au Louvre)

Cette charmante interprétation dramatique de l'assujettissement du Dieu de la Guerre par la Déesse de l'Amour fait partie d'une série de tableaux allégoriques peints pour le « Studio » de la marquise Isabelle Gonzaga à Mantoue et constitue un exemple unique de la profonde sympathie de son artiste avec l'esprit de la légende classique.

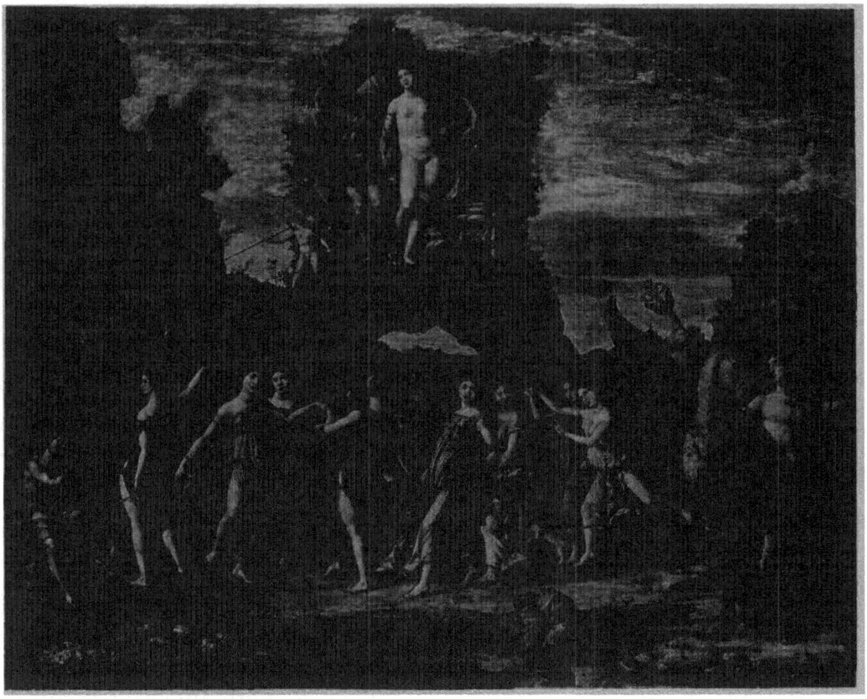

L'église a été achevée avant la peinture, qui n'a commencé que le 30 août, mais elle a été achevée à temps pour être mise en place à l'occasion de l'anniversaire de l'événement qu'elle commémorait, et est universellement considérée comme la plus belle œuvre de l'artiste dans ce genre, surpassant même le beau triptyque de S. Zeno. C'est aujourd'hui l'un des principaux trésors du Louvre, ayant été apporté en France en 1797, et est connue sous le nom de « Madonna della Vittoria », bien qu'en réalité elle représente le marquis de Mantoue implorant la Vierge pour le succès de ses armes, ne rendant pas grâce pour la victoire, la composition entière respirant une aspiration ardente plutôt qu'une exultation. Le Saint Enfant y occupe le centre du dessin, toute la lumière étant concentrée sur lui et sur le visage de sa mère, qui l'embrasse d'une main et tend l'autre vers le suppliant agenouillé, en face duquel se trouve saint. Elizabeth et l'enfant Saint-Jean-Baptiste. Le manteau de la Vierge est retenu par les saints Georges et Michel, et sur le fond orné apparaissent les têtes des patrons de Mantoue, les saints André et Longin, le tout étant admirablement proportionné et bien équilibré.

Au cours des années qui suivirent la victoire de Fornovo , le marquis de Mantoue et son épouse durent faire face non seulement à de grandes inquiétudes politiques, mais aussi à l'une des plus grandes tristesses de leur vie : la mort subite de la duchesse de Milan, décédée en janvier. 2 novembre 1497, après avoir donné naissance à un fils mort-né. Sa fin aurait été précipitée par le fait que son mari, qui jusqu'alors lui avait semblé dévoué, avait récemment conçu une passion pour une charmante jeune fille nommée Lucrezia Crivelli , qui avait été l'une de ses dames d'honneur. Quoi qu'il en soit, le chagrin de Lodovico face à sa perte, intensifié peut-être par ses reproches, était extrême, et la lettre qu'il écrivit à son beau-frère pour lui demander d'annoncer la terrible nouvelle à Isabelle n'est qu'un long cri d'angoisse. Mais le fait que la jeune femme ait été miséricordieusement éloignée du mal à venir est devenu évident, car avant qu'elle ne soit morte un an, le destin de son mari était déjà scellé. De gros nuages s'amoncelaient également à Mantoue, car le marquis fut soupçonné d'avoir eu des relations sournoises avec l'ennemi et, en avril 1497, il fut soudainement démis de ses fonctions de généralissime des forces italiennes. Ce fut un coup dur pour lui, pour sa femme et pour tous, y compris Mantegna, qui avait ses intérêts à cœur, mais heureusement la tempête s'est rapidement calmée et il a été bientôt rétabli dans son commandement, qu'il a conservé jusqu'à la fin de l'année. la campagne.

La prise de Milan par les Français en 1499 et l'entrée triomphale dans la ville conquise de Louis XII — qui, le petit dauphin étant mort peu avant son père, était devenu roi de France à la mort de Charles VIII — avec tout le de terribles conséquences pour la famille Sforza, jetèrent une tristesse sur la cour de Mantoue pour le reste du règne du marquis Francesco, et lui et Isabelle trouvèrent leur meilleure distraction de leurs nombreux chagrins en regardant leur peintre de cour au travail. À la "Madonna della Vittoria" a succédé la "Madonna with Saints and Angels", maintenant dans la collection du prince Trivulzio à Milan, peinte pour les moines de S. Maria in Organo , Vérone, et la "Vierge à l'Enfant avec St. Jean-Baptiste », maintenant à la Galerie nationale, avec la « Sainte Famille » plus petite mais non moins charmante de la Galerie de Dresde. À peu près à la même époque sont censés appartenir les dessins des fresques de la chapelle mortuaire de Mantegna à S. Andrea, Mantoue, dont deux seulement : la « Sainte Famille avec sainte Elisabeth, Zacharie et l'enfant saint Jean » et la Le « Baptême du Christ », ce dernier presque défiguré, est de la main du maître lui-même, le reste ayant été achevé après sa mort par ses élèves.

En 1500, alors qu'Andrea avait déjà soixante-dix ans, la marquise lui commanda de peindre une série de sujets allégoriques dans ce qu'elle appelait son « atelier », dans le château de Mantoue, sur la décoration duquel plusieurs autres artistes, dont Le Pérugin et Lorenzo da Costa étaient également fiancés. Mantegna fut malheureusement le seul des peintres sélectionnés à aborder la tâche avec enthousiasme ou à tenter de réaliser l'ambition d'Isabelle : que son sanctuaire soit une sorte de résumé de la vie intellectuelle et sensuelle, symbolisant , comme le font les Trifoni. de Pétrarque en littérature, les aspirations les plus idéales de l'humanité. La première des compositions achevées par Mantegna fut le « Parnasse », dans lequel est célébrée la conquête de Mars par Vénus, une œuvre unique parmi les œuvres du maître, généralement caractérisées par la sobriété de l'expression, comme une interprétation de la légèreté gaieté. Les figures des danseuses sont pleines d'une grâce vive et celle de la Déesse de l'Amour d'un charme séduisant, contrastant bien avec la forme virile et héroïque de son prétendant, le sévère Dieu de la Guerre, tandis que les acteurs mineurs de la scène idyllique - le mari négligé, Vulcain, travaillant à sa forge comme s'il était indifférent à ce qui se passe, Apollon, Mercure et Cupidon - sont tous très heureusement rendus, les différents groupes se combinant pour donner l'impression d'un drame vivant, dans lequel l'artiste , dans la plénitude de sa puissance créatrice, réussit pour une fois à donner une expression visible au rêve de sa vie du vieil Olympe, qu'il n'avait auparavant vu que dans son imagination.

Ce n'est que quelques années après l'exécution du « Parnasse » que le deuxième des tableaux « d'atelier », le « Triomphe de la vertu sur les vices », relativement inintéressant, fut achevé. Bien que ses détails aient été évidemment soigneusement étudiés, il montre une lamentable baisse de simplicité et d'efficacité de conception, Mantegna ayant été grandement gêné par l'intervention constante d'Isabelle, qui a insisté sur l'introduction d'un nombre ahurissant de figures allégoriques. La troisième et dernière composition, au sujet tout aussi peu prometteur, le « Triomphe de l'amour érotique », fut seulement commencée par Andrea et complétée par Lorenzo da Costa, qui s'efforça fidèlement de réaliser les intentions de son prédécesseur. Les trois tableaux se trouvent désormais au Louvre, où le « Parnasse » peut être utilement comparé à la « Madonna della Vittoria » et à la « Crucifixion » antérieures, les trois œuvres étant très typiques des différentes périodes de développement du maître.

C'est à 1506 qu'appartient le beau et caractéristique tableau décoratif monochrome du « Triomphe de Scipion », aujourd'hui conservé à la Galerie Nationale, l'une des toutes dernières œuvres du maître, commémorant deux épisodes importants de la seconde guerre punique : l'accueil réservé à l'image de la déesse Cybèle amenée de Rome à Ostie par Publius Scipion, et le miracle opéré par la « Mère des Dieux » à son arrivée, qui prouva l'innocence de la matrone romaine, Claudia Quinta, faussement accusée d'immoralité. Concernant cette belle œuvre, dans laquelle l'artiste raconte avec une franchise dramatique l'histoire classique bien connue, une correspondance très intéressante a été conservée, entre Isabelle d'Este et le célèbre érudit vénitien Pietro Bembo, qui se plaignait à la marquise que Mantegna avait il s'est engagé depuis longtemps à peindre certains tableaux pour son ami Francesco Cornaro , qui avait payé vingt-cinq ducats d'acompte. Il supplia la patronne du maître de l'inciter à remplir ses engagements, ajoutant que « Messer Cornaro ne se soucierait pas de quelques centaines de ducats ; il lui laisserait volontiers la valeur des tableaux, mais il ne se laisserait pas plaisanter et entendait défendre ses droits. A cela, la grande dame appelée répondit que « elle parlerait certainement au nom de Cornaro à Mantegna quand l'occasion se présenterait, mais que le vieil artiste était à peine remis d'une grave maladie, de sorte qu'il était impossible encore de lui parler de entreprise." Qu'elle soit intervenue peu de temps après, ou que la conscience de Mantegna lui ait fait des reproches, est cependant prouvé par le fait que le « Triomphe de Scipion » achevé a été retrouvé dans son atelier après sa mort.

PLAQUE VIII.— LE TRIOMPHE DE SCIPION

(À la Galerie Nationale)

Peint en 1506, ce beau tableau décoratif en monochrome, aujourd'hui conservé à la National Gallery, est l'une des dernières œuvres de Mantegna et représente deux incidents de la seconde guerre punique : l'arrivée à Rome de l'image de la déesse Cybèle et le prétendu miracle forgé par cela.

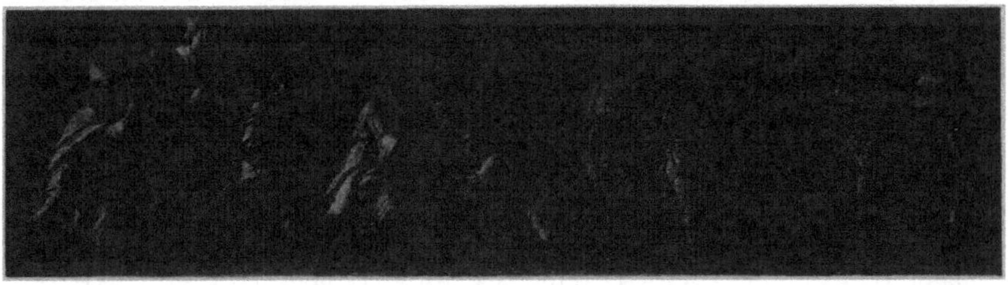

Le fils du peintre Lodovico fait référence au tableau dans une lettre à la marquise « comme cette œuvre de Scipion Cornelio qui fut entreprise pour Messer Francesco Cornaro et que le cardinal Sigismondo Gonzaga désirait conserver pour lui ». En vain le deuxième fils d'Andrea protesta contre cela, suppliant le marquis Francesco de le lui restituer, « car il souhaitait le garder comme mémorial de son père et à des fins d'étude », plaidoyer délicieusement évocateur des relations heureuses ayant existé entre eux. l'écrivain et le grand maître. Francesco Mantegna ajouta qu'il rembourserait volontiers les vingt-cinq ducats à Cornaro , et sa grande déception fut lorsque, après un long retard, il reçut comme seule réponse à sa demande un billet à ordre du cardinal pour cent ducats, qui en la fin s'est avérée n'être qu'un vieux papier, car même après, en novembre 1507, ni lui ni son frère n'avaient pu obtenir l'argent. Finalement, les descendants de Messer Cornaro prirent possession du tableau, qui fut acheté à l'un d'eux par Lord George Vivian, dont le fils le légua à la National Gallery en 1873.

Au « Triomphe de Scipion » peut à juste titre être classé « Samson et Dalila », également maintenant à la National Gallery, qui est évidemment entièrement de la main du maître lui-même et constitue une interprétation très réaliste de l'incident très exploité de la trahison de l'homme fort par la femme faible mais rusée. D'autres dessins typiques sont le « Jugement de Salomon », au Louvre, et les trois représentations de Judith plaçant la tête d'Holoferne dans un sac tenu ouvert par sa servante – l'une en possession de M. John Taylor, l'autre à Dublin. , et le troisième aux Offices. Le dernier, signé par l'artiste de son nom complet et daté de 1491, est un rendu vraiment admirable de son sujet, l'horreur rétrécissante ressentie par la belle et héroïque fille de l'horrible trophée qu'elle est sur le point de laisser tomber, se reflétant avec vivacité dans son visage. attitude et expression ainsi que dans celles de son compagnon. Moins satisfaisants d'un point de vue technique sont les « Mutius Scævola » de la collection de Munich, commémorative du noble acte du jeune Romain qui avait été choisi par tirage au sort pour tuer l'envahisseur étrusque, le roi Porsenna , et qui, après avoir échoué, fut condamné à être brûlé vif ; le groupe de « Mars, Vénus et Diane » au British Museum ; la «Vestale Vierge Tucia », également connue sous le nom d'«Automne», et la «Femme grecque buvant dans une tasse», parfois appelée «Été», à la National Gallery. Mais même eux, ainsi que les dessins les plus importants, sont éminemment caractéristiques de leur auteur, qui du début à la fin était plus pictural dans ses esquisses que dans ses compositions achevées.

Non seulement en tant que peintre mais aussi en tant que graveur, Mantegna acquit une grande renommée de son vivant et une renommée durable après sa mort. Lui et son contemporain talentueux, Antonio Pollaiuolo , furent les premiers Italiens à employer la gravure sur cuivre pour des œuvres originales et la reproduction de leurs dessins, et ils donnèrent une très grande impulsion à ce métier utile.

Les derniers mois de la vie de Mantegna sont plongés dans une obscurité aussi grande que celle qui entoure ses premières années. On ne sait même pas de quoi il mourut, les uns disant qu'il fut subitement emporté par la peste qui sévissait alors à Mantoue, d'autres que la fin était attendue depuis longtemps et que la vieillesse était son seul mal. Le triste événement eut lieu à sept heures du soir, le 13 septembre 1506, et la nouvelle fut formellement notifiée au marquis deux jours plus tard par Francesco Mantegna ; mais, probablement à cause des grandes inquiétudes dont les Gonzague étaient alors opprimés, on ne prêta que très peu d'attention à ce qui, dans d'autres circonstances, les aurait accablés de chagrin.

Andrea Mantegna a été enterré tranquillement dans la chapelle de S. Andrea, Mantoue, qu'il avait depuis longtemps choisie comme dernière demeure de sa famille et qui, à l'exception de l'achèvement des fresques inachevées, reste encore aujourd'hui très importante. ce que c'était au moment de sa mort. Ce n'est que cinquante ans plus tard que le buste en bronze, déjà mentionné, fut érigé à l'extérieur de la chapelle par son petit-fils Andrea, fils de Lodovico Mantegna, qui érigea également à l'intérieur du bâtiment un beau mémorial à son grand-père, son père et son oncle, portant l'inscription «Ossa Andreæ Mantinées famosissimi pictoris cum duobus filiis dans un sépulcre approprié pour Andream Mantinées népotem ex filio constructeur reposita MDLX.

Outre les peintures, fresques et gravures bien authentifiées décrites ci-dessus, un très grand nombre d'autres œuvres, notamment des tableaux de chevalet, des dessins et des miniatures, ont été attribuées à Mantegna, qui aurait également pratiqué occasionnellement la sculpture . En outre, des preuves littéraires prouvent que près d'une centaine de compositions conçues et exécutées par lui ont été perdues, parmi lesquelles il faut spécialement regretter les portraits de ses différents mécènes de la famille Gonzaga et, surtout, celui de la duchesse Elizabetta d'Urbino, qui était l'une des femmes les plus belles et les plus influentes de son temps, aimée des jeunes et des vieux, et pour laquelle sa brillante belle-sœur, Isabelle d'Este , avait une fervente admiration. Même sans ces trésors manquants, le peintre de la cour de Mantoue a laissé derrière lui suffisamment de chefs-d'œuvre pour lui assurer une renommée durable comme l'un des pionniers de la Renaissance de la peinture en Italie.

Le fait que Mantegna soit décédé au seuil même de l'âge d'or, au cours duquel Léonard de Vinci, Michel-Ange, Raphaël, Titien et Corrège, chacun fondateur d'une grande école, ont produit leurs œuvres de renommée mondiale, a conduit à son décès. les réalisations ont été relativement négligées ; mais ces dernières années, ses revendications sont progressivement devenues plus pleinement reconnues , et il occupe désormais un rang élevé en tant que représentant cohérent et persévérant d'un idéal élevé. Son intense individualité fut dès le début hostile à l'imitation, mais son influence se fit longtemps sentir dans le monde de l'art, et de nombreux artistes qui lui furent associés à Padoue et Mantoue perpétuèrent plus tard dans une certaine mesure ses traditions à Vérone, Ferrare, Modène, Bologne. , et Milan. Jacopo da Montagnana était peut-être le maître qui lui ressemblait le plus, certaines de ses œuvres ayant même été attribuées à Mantegna ; mais Francesco Benaglio , Libérez da Vérone, Francesco Moroni, Girolamo dai Libri, Marco Zoppo , Cosimo Tura et Lorenzo da Costa devaient beaucoup à l'étude de ses chefs-d'œuvre - ce dernier nommé, qui lui succéda comme peintre de la cour à Mantoue, reproduisant dans ses les compositions ultérieures ont quelque chose du style caractéristique de son prédécesseur dans cette fonction.

On a même prétendu que Correggio, qui, selon une tradition longtemps acceptée mais désormais discréditée, était censé avoir été le véritable élève de Mantegna, tirait une grande partie de son inspiration du peintre plus âgé. « Les deux artistes », dit le Dr Kristeller en examinant habilement les points d'affinité qui les unissent, « pénètrent jusqu'au cœur même du sujet, jusqu'à l'émotion purement humaine qui y est latente : également sensibles et élevés d'esprit, tous deux s'efforcent avec enthousiasme de après une existence surhumaine, pleine d'une joie de vivre accrue.... Tous deux cherchent à briser les limites du terrestre pour assurer, dans un espace incommensurable, la liberté d'expression de la puissance et de l'ampleur de leurs figures. Les lignes voluptueuses et oscillantes, les formes idéalement belles des personnages de Mantegna dans ses œuvres ultérieures, leur expression douce et réfléchie de bonheur tranquille et d'émotion spirituelle sont dans les créations de Correggio seulement renforcées par la sensualité passionnée de sa propre vision du monde, par la plus grande vivacité. de mouvement, et par son ardent abandon de soi au sensuel ainsi qu'au divin. Mais », ajoute le critique allemand, et il met ici le doigt sur la différence essentielle entre l'art et le caractère des hommes comparés, « la sensualité chez Mantegna n'a été ni ignorée ni soulignée », car il n'y avait pas de complaisance envers l'amour de la sensation chez Mantegna. l'œuvre du maître sincère et sérieux de Mantoue, qui n'a jamais représenté la passion pour elle-même, mais qui a combiné avec une véritable appréciation de la beauté de la forme physique et de la poésie du mouvement une sévérité d'expression sévère qui lui est particulière. Les deux maîtres poursuivaient le même idéal de beauté, tous deux pénétrés jusqu'au cœur même de leurs sujets, mais les peintures de Mantegna sont plus élevées en esprit que celles de son successeur le plus admiré, dont il aurait été le précurseur.

Il y a, il faut l'avouer, un certain manque d'unité dramatique qui gâche l'effet même des plus grandes compositions du peintre mantouan ; mais il ne faut pas oublier que son objectif n'était pas le même que celui de Raphaël, du Titien, de Holbein ou de Memlinc . Même ses critiques les plus sévères sont obligés d'admettre qu'il a pleinement réalisé sa propre ambition, une ambition vraiment louable, de mettre le passé en contact avec le présent et d'ouvrir la voie à ceux qui devraient lui succéder. Ses meilleures œuvres font preuve non seulement d' un talent de dessin consommé , mais aussi d'un pouvoir d'interprétation des émotions intellectuelles et spirituelles, rare parmi ses contemporains, même s'il devait être conféré dans toute sa mesure à de nombreux maîtres du XVIe siècle ; et il restera toujours, de l'avis des plus compétents pour juger, l'un des plus grands de leurs prédécesseurs.

9 789359 252896

Printed at Repro India Ltd.